Couvertures supérieure et inférieure
manquantes

NOTICE HISTORIQUE

SUR

LA TOUR DE CARVILLE

A DARNÉTAL.

Tous ceux qui se sont occupés de la tour de Carville ont été non moins frappés de sa beauté qu'attristés de son délabrement.

Le premier qui ait fait entendre un cri d'alarme est M. Lesguilliez, dans sa *Notice historique, topographique et statistique sur la ville de Darnétal*, en 1835. « Cette tour, disait-il, et l'église de Longpaon « sont les seuls monuments de cette ville qui, sous le rapport de « l'art, offrent vraiment quelqu'intérêt. Malheureusement l'une et « l'autre sont dans un état complet de dégradation. En 1828, l'au- « torité locale a fait faire, il est vrai, quelques réparations à la tour « de Carville ; mais comme elles sont insuffisantes, l'on n'a fait que « pallier le mal, tandis qu'il fallait le réparer. On y songera quand « il ne sera plus temps. »

Il est question de ces raccords grossièrement faits en briques, et des deux grandes baies inférieures bouchées de la même manière, dont l'aspect est des plus désagréables.

En 1850, M. Léon de Duranville s'occupa de nouveau de cette tour, à laquelle il accorda une place honorable dans sa brochure intitulée : *Darnétal et ses Monuments religieux*. Après avoir parlé de l'église de Carville, il constata que « la destruction a beaucoup agi sur la tour « de Carville ; qu'elle demande des soins et doit occuper quelques « lignes dans le chapitre des vœux. »

Il fit entendre les mêmes doléances pour l'église de Longpaon, et conclut en ces termes : « Nous voyons que, si Darnétal est remar- « quable par son industrie, Darnétal est remarquable aussi par ses « monuments religieux, auxquels il faut souhaiter restauration, « parce qu'ils le méritent, quoiqu'on ne doive guère l'espérer. Le « temps et les hommes ont frappé si rudement sur les constructions « du moyen-âge et de la renaissance, que ce serait chose merveil- « leuse de voir des remèdes appliqués à tant de blessures. Il faudrait « bénir sincèrement les restaurateurs : bénissons du moins les « fondateurs ; car ceux qui ont élevé dans les airs cette tour de « Carville ; qui ont sculpté la pierre à Longpaon, ont bien mérité de « leur pays. »

Depuis que ces lignes ont été écrites, des vœux on est passé à l'action, en ce qui touche l'église de Longpaon, tant il est vrai qu'il ne faut jamais désespérer d'une bonne cause. D'abord, cette église a été classée parmi les monuments historiques de l'Empire ; puis, grâce à la générosité du département, aux subventions de la muni- cipalité, aux souscriptions empressées des habitants de Darnétal, enfin au rare talent de M. Desmarest, achitecte diocésain, qui fit un devis estimatif en 1853, et se mit à l'œuvre, le 14 avril 1856, l'église de Longpaon, agrandie, restaurée, a retrouvé, en grande partie, sa splendeur première.

Pendant qu'on poursuivait les travaux de Longpaon, une voix s'éleva en faveur de la tour de Carville, qui continuait d'être délaissée, après les disgracieuses et insuffisantes réparations de 1828. Cette voix fut celle d'un des hommes les plus compétents en la matière, d'un artiste et d'un écrivain distingué, de M. André Durand, correspondant du ministère de l'Instruction publique et des Cultes, pour les travaux historiques, et membre de la Commission départementale des antiquités de la Seine-Inférieure.

A l'Exposition rouennaise des Beaux-Arts, en 1858, il envoya une vue de la tour de Carville, dans le but « d'appeler l'attention sur « ce remarquable monument, et de prévenir la ruine dont il serait « menacé, si l'on négligeait longtemps encore d'exécuter les travaux « de consolidation devenus indispensables. »

Non content de ce premier appel, M. Durand, au mois d'octobre 1858, adressa au Comité historique et des Sociétés savantes, institué au ministère de l'Instruction publique et des Cultes, une *Notice archéologique sur la Tour de Saint-Pierre-de-Carville, à Darnétal.* Elle fut insérée dans le *Journal de Rouen* du 20 octobre 1858, et tous les amis des arts se rappellent l'heureuse impression que produisit ce remarquable plaidoyer pour le monument dont M. Durand s'était fait l'habile et chaleureux défenseur. « Ce beau monument, « disait-il, qui plane sur toute la contrée, est contemporain, à coup « sûr, des belles tours de Saint-Laurent, rue de l'Ecureuil, de Saint- « André, rue aux Ours, à Rouen, et de celle de Saint-Jacques- « la-Boucherie, à Paris. Par sa position toute particulière isolée

« de l'église à laquelle elle appartient, cette tour rappelle les cam-
« paniles italiens. Mais notre campanile normand est plus riche
« d'art que les clochers ou campaniles qui accompagnent les
« églises au-delà des Alpes, et se distingue bien autrement par sa
« construction simple et remarquable. Elle paraît belle et majes-
« tueuse au milieu de cette vallée de Darnétal peuplée de nom-
« breuses fabriques. Ces gigantesques cheminées à vapeur, plus ou
« moins sveltes, affectant diverses formes selon le caprice des
« constructeurs et celui des particuliers ; ces obélisques modernes,
« éparpillés çà et là, annoncent de loin au voyageur l'industrie qui
« représente la richesse du pays, tandis que la tour de Carville,
« vénérable et antique, noircie par le temps et mutilée par les
« hommes, semble ici posée comme un phare mystérieux d'un âge
« qui n'est plus, et pour attester la foi et le génie des générations
« qui nous ont précédés. »

L'auteur de la *Notice* conseillait de s'adresser au Gouvernement
pour que la tour de Carville fût classée parmi les monuments historiques de l'Etat, afin de la sauver d'une ruine imminente. Mais si
son chaleureux plaidoyer n'obtint pas immédiatement gain de cause à
Paris, le succès, dès le début, fut complet dans notre département.
M. le Sénateur Préfet de la Seine-Inférieure, M. le Maire et le
Conseil municipal de Darnétal, la Commission des antiquités et le
Conseil général du département, suivant de leur application ont bien voulu,
par leurs délibérations successives, approuver et réaliser les vœux
exprimés pour la magnifique tour qui, enfin, en 1862, vient d'être
classée parmi les monuments historiques de l'Etat.

Tout a été dit sur la valeur artistique de la tour de Carville, et il
n'est pas besoin de grandes connaissances en architecture pour

— 5 —

juger de l'heureux effet qu'elle produit, soit qu'on l'examine de près, dans tous ses détails, soit qu'on l'aperçoive de loin, dans la vallée, ou du haut de l'une des collines environnantes.

Nous ne nous occuperons donc plus de sa valeur artistique incontestable. Ce que nous voulons surtout rappeler ici, brièvement, c'est un passé historique, qui vient ajouter encore au mérite de l'architecture.

La paroisse de Carville est d'une très haute antiquité. On peut la dire contemporaine du berceau de Darnétal. Après avoir été longtemps commun, sous le nom de *Carville-sur-Rouen*, aux territoires de Longpaon, du Bourgdenis, et même de Saint-Aubin-la-Rivière, ce nom de *Carville* est resté en propre à une portion du territoire de Darnétal (1).

Des documents historiques prouvent que Longpaon possédait une chapelle, dès le x° siècle, et comme l'église de Carville a toujours eu la suprématie sur celle de Longpaon, on peut légitimement en conclure, même en l'absence de tout titre primordial, que la fondation de l'église de Carville est antérieure au x° siècle.

Au xii° siècle, un Raoul, fils d'Etienne, « donna et accorda en « pure, et perpétuelle, et libre aumône l'église de Saint-Pierre de « Carville, avec la chapelle de Saint-Ouen de Longpaon, dont le « patronage lui appartenait, ainsi que toutes ses dépendances, à « Dieu et au bienheureux saint Jacques du Mont-aux-Malades-sur-« Rouen, et aux frères qui y servaient Dieu. » Il fit cette donation « en présence du curé de la paroisse, Durand, d'un nommé Evrard, « de Guillaume, son neveu, de Robert, de frère Vimond, et d'un « grand nombre de paroissiens et autres rassemblés dans l'église de « Saint-Pierre de Carville (2). »

(1) Toussaint-Duplessis.— *Description de la Haute-Normandie*, t. ii, p. 486.
(2) Charte latine. — Archives de la Seine-Inférieure.

En 1162, Hugues d'Amiens, archevêque de Rouen, confirma la donation de cette église.

Le *Journal des Visites pastorales* d'Eudes Rigaud, archevêque de Rouen, de 1248 à 1269, nous apprend qu'en revenant de Bellosanne et de Beaulieu, le 11 août 1257, « il dîna à Carville, dans la maison « du trésorier (Guillaume de Saâne, trésorier de la cathédrale de « Rouen), à ses frais, et qu'il passa la nuit à Déville, » résidence d'été des archevêques de Rouen, à cette époque.

De plus, son Pouillé nous révèle que Darnétal comptait cent vingt communiants, tant sur la paroisse de Carville que sur la chapelle de Longpaon, c'est-à-dire cent vingt feux, représentant quatre personnes en moyenne, ce qui donnerait une population d'environ cinq cents âmes, au milieu du XIII° siècle.

On ne sait rien de précis sur la primitive église de Carville, sinon qu'elle occupait la même place que l'église actuelle. Mais, un fait certain, c'est que cette dernière était en construction au commencement du XVI° siècle. Dans le *Livre des Fontaines,* terminé en 1525, et dû aux soins de Jacques le Lieur, conseiller de la ville de Rouen, on voit représentés en perspective cavalière, ou à vol d'oiseau, les maisons, hôtels, églises, monastères et autres édifices, bordant les rues et places que parcourent les divers canaux, et situés aux endroits où jaillissent des fontaines. L'église de Carville y figure, à cause de la source du Roule, dont le parcours, en ce lieu, est voisin de cet édifice (1). Le chœur n'est pas entièrement terminé ; les murs sont élevés à la hauteur des fenêtres ; la nef est achevée

____

(1) C'est ce qui a permis d'établir, en 1834, une fontaine au côté ouest de la tour.

et tient à la tour, offrant le même aspect que celle qu'on voit aujourd'hui.

La tour était donc terminée en 1525, et quelques comptes de fabrique font mention de dépenses qui la concernent, vers 1512 et 1514. Les marguilliers de la paroisse de Carville, qui les font, étaient aidés par les libéralités du cardinal Georges d'Amboise, archevêque de Rouen et ministre de Louis XII, auquel Rouen doit, pour moitié, les canaux qui lui portent les eaux de la source de Darnétal. On peut donc sûrement fixer au commencement du XVIe siècle la construction de la seconde église de Carville, et, à défaut de ces documents, l'architecture de la tour porte trop le cachet de la Renaissance pour qu'il soit permis d'avoir le moindre doute à cet égard.

Il n'y avait pas bien longtemps que l'église était achevée, quand, le 5 juin 1562, une troupe d'environ quatre cents protestants, détachés de ceux qui régnaient en maîtres à Rouen, firent une incursion, en armes, contre le bourg de Darnétal. Un contemporain nous en a donné les motifs. « Ce qui fut cause de les faire courir en premier « lieu à Dernestal, ce fut pour ce que ceux dudit lieu étoient fort « riches; car ils y trouvèrent beaucoup. de meubles, comme draps « qui se font en ce dit lieu, argenterie, et autres meubles en grand « nombre, comme vaisselle, et grandes chaudières de brasseur et à « teinturier..... Outre ladite cause, il y en avoit encore une, c'estoit « pour ce qu'ils doutoient que le camp du Roy ne s'y vint loger, et « aussi à cause que en ce lieu on peut destourner lesdites petites « rivières de Robec et Aubette de venir à Rouen; ce qui advint « depuis, et se repentirent fort qu'ils n'avoient entièrement destruit « et bruslé ledit bourg (1). »

(1) Revue rétrospective normande. — *Relation de ce qui s'est passé à Rouen,*

Quatre mois plus tard, Charles IX s'arrêta d'abord à Bourg-denis, puis à Darnétal, quand il reprit Rouen, le 28 octobre 1562, sur les Calvinistes, qui, pendant tout ce temps, dévastèrent les églises des communes voisines de Rouen, et, en première ligne, celles de Darnétal.

Les habitants durent céder au nombre, mais ce ne fut pas sans avoir opposé une vigoureuse résistance. « Lesdits soldats, estant au « dit lieu de Dernestal, ils entrèrent de force dedans, à cause que « ceux dudit bourg estoient fortifiés en leurs rues ; lesdits soldats « estant entrés, ils brûlèrent deux églises, l'une nommée Saint- « Pierre de Carville, et celle de Longpaon, avec environ quarante « maisons dudit bourg..... Quant au bon butin desdites esglises de « Dernestal, comme argent, cuivre, estain, plomb, fer, draps, « habits, linge, vaisselle et vivres, ils emportèrent tout audit « Rouen, et le tout fut fait audit Dernestal, le propre jour de la « Pentecoste (1). »

pendant les troubles arrivés l'an 1562, au sujet des Calvinistes (par Balandonne, procureur-syndic de Rouen).

(1) Id. ibid. — Dans un curieux article de M. X. de Busserolle sur l'*Eglise Saint-Ouen-de-Longpaon, à Darnétal*, publié en *Feuilleton* par le *Journal de Rouen*, 24 novembre 1858, se trouve une inscription indiquant que l'église de Longpaon fut pillée le lundi de la Pentecôte. Le dimanche aura été consacré exclusivement à l'église de Carville.

Cette inscription, découverte lors des réparations faites récemment à l'église de Longpaon, sur une pièce de bois, attachée à un sommier, a été reproduite dans sa forme et sa teneur. Mais il semble que l'auteur a voulu faire de la prose rimée, et qu'on pourrait la lire de cette façon, avec deux ou trois légères modifications dans le texte donné :

Les ravages de cet incendie sont encore visibles dans la tour de Carville, à l'étage du beffroi, dont les parements intérieurs offrent des traces de calcination profonde. Les arêtes des tableaux de toutes les ouvertures ont notamment souffert par suite de l'activité des flammes appelées vers le vide, et l'étage, immédiatement au-dessous du beffroi, a été non moins maltraité par le feu. La partie de la nef, voisine du clocher, dut souffrir également. Mais, en admettant que le corps de l'édifice ait échappé à l'incendie, on n'en eut pas moins à regretter la perte des verrières, la mutilation des boiseries et des sculptures, l'enlèvement des objets précieux destinés au culte.

> L'an mil cinq cent soixante deux
> Le lvndi de Pentecouste,
> Je svpli a tovs lecteus
> Qvi lisent bien (ceci) qve
> Il vint vgne grande rovte   (bande)
> Des compains Martin Lvter   (compagnons)
> De fvrevr encrages
> L'église de ceans brvler.

> Qui est cil qui excvsera
> Dv grand mal et vitvpere   (actions blâmables.)
> Qu'il ont faite en ce pais la
> En l'église notre mere.
> La dovleur ci fut amer,
> Car I firent vn grand mal
> I vindrent brvler piller
> Le Bourgaz de Dernetal.   (Bourg, bourgage.)

On aurait ainsi deux strophes en prose rimée, suivant le goût du temps, et dont la dernière est presque toute faite dans le texte donné.

Pour réparer ces désastres, à l'étage au-dessous du beffroi, on fit cinq contreforts qui n'ont aucune liaison avec la construction primitive, et qui paraissent avoir été élevés, après l'incendie, dans le but de porter le nouveau beffroi. On répara promptement les autres dégâts, et on replaça d'autres verrières, que l'on peut voir en partie aujourd'hui dans le chœur de l'église, et dont l'une porte la date de 1565.

Au mois de novembre 1591, Henri IV vint établir son camp à Darnétal, sur le versant de la côte Saint-Jacques, faisant face à la ville, dans la partie qui en a conservé le nom de *Petit-Camp*. C'est là qu'il tenait les troupes destinées à faire le siége de Rouen, au pouvoir de la Ligue ; c'est de là qu'il partait pour livrer des assauts soit au fort Sainte-Catherine, soit aux remparts de Rouen. Elles y séjournèrent près de six mois.

Le mardi, 31 décembre 1591, Henri IV tint, dans l'église de Carville, le dixième chapitre de l'ordre du Saint-Esprit, récemment institué par Henri III. Aux termes de ses statuts, cet ordre devait se réunir le dernier jour de l'année, dans l'église des Augustins, à Paris. Mais comme cette ville était au pouvoir des Ligueurs, et que le roi se trouvait à Darnétal, à cette époque, il lui substitua l'église de Carville. Sa qualité de protestant l'empêchant de présider cette cérémonie, il chargea de ce soin Armand de Gontaut, baron de Biron, capitaine de cent hommes d'armes des ordonnances, et maréchal de France. Les insignes de l'ordre furent conférés à François de Foix de Candale, évêque d'Aire en Guyenne, conseiller du Roi en ses conseils d'Etat (1).

____

(1) *Le Théâtre d'honneur et de chevalerie*, par André Favyn, t. i, p. 715.

La tradition, d'accord avec la vraisemblance, veut que Henri IV soit souvent monté au sommet de la tour pour observer les mouvements des troupes de Rouen ou du fort Sainte-Catherine. Mais les dits et gestes qu'elle lui prête tiennent plus de la légende que de l'histoire, et ne méritent guère qu'on s'y arrête.

Les habitants de Longpaon, qui avaient agrandi leur chapelle, en lui donnant les proportions d'une véritable église, après l'incendie de 1562, tentèrent plus d'une fois de s'ériger en paroisse détachée de Carville. En 1617, ils renouvelèrent leur demande, et, malgré l'opposition intéressée du curé et des trésoriers de Carville, une sentence du 31 mai 1622 leur donna gain de cause, et fixa même la circonscription des deux paroisses. En 1655, les registres de l'archevêché de Rouen font encore mention de la *Cure de Saint-Pierre et Saint-Ouen de Darnétal*, c'est-à-dire de *Saint-Pierre-de-Carville* et de *Saint-Ouen-de-Longpaon*, qui composaient alors la cure de Darnétal. Mais, vers ce même temps, on démembra Longpaon de Carville, et on établit deux paroisses distinctes (1).

En 1683, l'église de Carville était tellement délabrée qu'on jugea urgent de ne plus y célébrer le service divin, ce qui prouve que les désastres de l'incendie de 1562 n'avaient été qu'incomplètement réparés. Les marguilliers prirent alors plusieurs délibérations pour la réédification. Le 24 mars 1684, le trésorier fut autorisé à passer un marché pour les fournitures de bois, avec un nommé Petit, marchand de Bellencombre, et, postérieurement, avec d'autres pour tous les matériaux nécessaires.

Le 22 juillet 1687, les marguilliers traitèrent avec Jacques

1) Toussaint-Duplessis.

Gravois, maître maçon et architecte à Rouen, pour la construction d'un portail, d'après le plan qu'il avait donné ; mais il ne s'agissait que de la main-d'œuvre.

Des procès survinrent, qui entravèrent la reconstruction de l'église, et, par une délibération du 8 septembre 1688, le Conseil de fabrique émit le vœu qu'on terminât, *d'une façon ou d'autre*, la clôture de l'église.

Tous ces événements se passèrent pendant la cure de Pierre Sémond. Mais tandis que l'ancienne église, celle du xvi° siècle, qui avait remplacé l'église primitive, s'étendait jusqu'à la tour, qui faisait partie du portail, dans la reconstruction nouvelle, faute de fonds, on supprima une partie considérable de la nef, celle qui avait dû le plus souffrir à cause du voisinage de la tour incendiée. Le chœur, les deux chapelles latérales et quelques parties de la nef furent seuls conservés dans leur entier (1). On leur fit une façade, et c'est ainsi que s'explique la solution de continuité qu'on remarque entre l'église actuelle et la tour, qui en est assez éloignée.

Une autre preuve aussi que les églises de Darnétal ont été bien maltraitées par les Calvinistes, en 1562, c'est que les continuateurs de Farin, dans le *Traité des sépultures de la campagne*, joint à son *Histoire de la ville de Rouen*, à la fin du xvii° siècle, ne mentionnent même pas les églises de Longpaon et de Carville, probablement parce qu'elles n'offraient plus ni tombeaux ni épitaphes à signaler. Le nom de Darnétal n'y figure que pour le collége de Darnétal, ou association religieuse, qui se rattachait à la cathédrale, et pour la chapelle ou léproserie dédiée à Saint-Claude et à Saint-Christophe, près le pont de Darnétal.

(1) M. Lesguilliez. — *Notice sur Darnétal*, p. 109 et suivantes.

Plus tard, en 1793, on détruisit une inscription assez longue, gravée sur la pierre, et placée, au pied de la tour de Carville, dans l'angle nord-ouest, sur la rue Saint-Pierre. Le texte en a été profondément tailladé à coups de ciseau, de sorte qu'il est impossible d'en déchiffrer un seul mot. Mais rien ne prouve, comme on l'a cru, qu'elle dût contenir des détails sur la fondation de la tour et de l'église. Les ornements et les figures dont elle est entourée font plutôt supposer que c'était une inscription tumulaire en l'honneur d'un personnage de marque, enterré dans le cimetière, qui s'étendait alors au pied de la tour. On ne déployait pas tant de luxe pour les inscriptions commémoratives de la fondation des églises.

Par contre, on a respecté, sur les murs extérieurs de l'église de Carville, la litre funèbre, apposée après la mort d'un des derniers seigneurs de Blainville, comme haut-justicier de Darnétal. Sur une bande noire, que le temps n'a pas encore complètement effacée, on voit se détacher, fort distinctement, dans dix-huit ou vingt écussons, les armoiries de la famille de Montmorency-Luxembourg. Elles ont dû être apposées à la mort d'Anne-François Montmorency-Luxembourg ou de celle de ses filles, qui avait hérité de la haute-justice de Darnétal, c'est-à-dire vers 1778. Si elles n'ont pas été remplacées par les armes d'Antonin Colbert-Seignelay, héritier de sa cousine, le dernier seigneur de Blainville qui exerça la haute-justice à Darnétal, c'est que la Révolution le força de s'exiler et abolit le droit de litre funèbre. Ces armoiries sont *d'or à la croix de gueule, cantonnées de seize alérions d'azur, le cœur de la croix chargé d'un écusson d'argent, au lion de gueule, armé, lampassé et couronné d'or, ayant la queue nouée, fourchée et passée en sautoir.*

Pendant la Révolution, la tour et l'église de Carville eurent beaucoup à souffrir. D'abord, conformément à la loi du 23 juillet 1793, on commença par enlever de la tour les quatre cloches pour les convertir en canons, malgré les réclamations de la société populaire, qui, la loi à la main, demandait qu'on en laissât au moins une.

Bientôt, après la fermeture des églises, on s'attaqua à l'édifice lui-même, non sans une énergique résistance de la part des habitants et de leurs magistrats municipaux.

Un arrêté du Conseil général du district de Rouen, en date du 13 pluviôse, an II (1er février 1794) avait ordonné que l'église de Carville serait ouverte à la société populaire de Darnétal. Mais le 21 pluviôse suivant (9 février), le Conseil général de cette commune avait pris un arrêté par lequel « l'assemblée générale des citoyens « étoit convoquée comme peuple souverain, à l'effet d'avoir son « avis sur le point de savoir si l'église de Carville sera ouverte à la « société populaire, pour y être installée et y tenir ses séances. » Cette assemblée devait avoir lieu le 22 pluviôse (10 février), et, pour prévenir l'effet de ses délibérations, la société populaire de Darnétal avait saisi du fait le Conseil général du district de Rouen.

Après avoir entendu les officiers municipaux de la commune de Darnétal, un membre de la société populaire dans ses observations, l'agent national de ladite commune, et le citoyen faisant les fonctions d'agent national près le district, le conseil du district « considérant « que les assemblées primaires ne doivent plus avoir lieu, d'après « la loi sur le gouvernement révolutionnaire ; que conséquemment « la délibération du Conseil général de la commune de Dernétal « est une infraction à cette loi salutaire, et que la conduite de cette « commune est d'autant plus coupable qu'elle est diamétralement « opposée à l'arrêté du district du 13 pluviôse qui ordonnoit

« l'ouverture de l'église de Carville en faveur de la société popu-
« laire, et qu'elle manifeste une résistance formelle à cet arrêté, etc.,
« casse et annule la délibération du Conseil général de la commune
« de Dernétal, du 21 pluviôse, et ordonne que l'arrêté du district
« du 13 pluviôse, aura dans le jour sa pleine et entière exécution ;
« enjoint à la municipalité de faire, sous sa responsabilité, toutes
« les dispositions convenables, tant pour son exécution que pour
« que l'assemblée qu'elle a convoquée n'ait pas lieu, déclarant la
« rendre responsable de tous les événements qui pourroient arriver.
« Le Conseil arrête, en outre, que ladite délibération sera biffée sur les
« registres, et que les motifs en seront consignés en marge d'icelle :
« il enjoint en conséquence aux officiers municipaux d'apporter à
« cet effet le registre de leurs délibérations à la séance de demain
« 23 pluviôse, à midi précis. »

Mais ce qui montre toute l'irritation qu'avait causée à l'administration du district la résistance de la commune de Darnétal à l'établissement de la société populaire dans l'église de Carville, c'est la réso-
lution de dénoncer sa conduite au terrible Comité de salut public.

« Le Conseil arrête pareillement que ladite délibération sera dénon-
« cée au Comité de salut public de la Convention nationale, pour
« être pris dans sa sagesse tel parti qu'il appartiendra contre une
« municipalité aussi rebelle à la loi (1). » Mesure redoutable, quand
on songe qu'on était au fort de la Terreur, et que, généralement, la
peine décrétée était la mort.

Le lendemain, 23 pluviôse an II (11 février 1794), les officiers

---

(1) *Bulletin des séances des corps administratifs et de la société populaire de Rouen*, n° 21, 24 pluviôse an II.

municipaux de Darnétal se présentèrent devant le Conseil général du district de Rouen, érigé en cour de cassation de ses arrêtés. Pour désarmer son courroux et se concilier sa faveur, « ils commencent
« par déposer sur le bureau quelques vases et chandeliers d'argent,
« avec des chapes et autres ornements, restes impurs du fanatisme
« qu'ils ont retrouvés dans des armoires, où il paraît qu'on avait eu
« l'intention de les soustraire ; ils annoncent qu'ils vont faire de
« nouvelles recherches, et ils se flattent qu'elles ne seront pas
« infructueuses ; le Conseil applaudit à leur zèle, ordonne la mention
« civique au procès-verbal de leur offrande, l'insertion aux journaux
« et l'envoi à la Convention nationale. »

Le remède avait été trouvé à côté du mal.

Ils remirent ensuite sur le bureau le registre des délibérations de la commune. Le secrétaire du Conseil du district donna lecture de la coupable délibération du 21 pluviôse, et elle fut biffée, séance tenante, « comme étant une infraction tant à la loi qu'à l'arrêté du
« district du 13 pluviôse. » De plus on consigna à la marge les motifs qui avaient déterminé cette radiation (1).

Ce fut donc dans le courant de février 1794 que la société populaire de Darnétal prit possession de l'église de Carville comme siége de ses séances.

Le citoyen qui faisait les fonctions d'agent national dans cette commune, avait été suspendu de ses fonctions et remplacé par le premier officier municipal. Dès lors le zèle du Conseil municipal, stimulé par la crainte, et celui de la société populaire, reconnais-

____

(1) *Bulletin des séances des corps administratifs et de la société populaire de Rouen*, n° 22, 25 pluviôse an II.

sante de cet appui, ne connurent plus de bornes. La commune de Darnétal entra complètement dans le mouvement révolutionnaire.

A la séance publique du district de Rouen, 26 pluviôse an II (14 février 1794), elle tint la promesse faite trois jours auparavant. Venant à la suite des communes de Thomas-la-Chaussée, Montcauvaire, Hénouville et Bardouville, « elle dépose à son tour, sur « l'autel de la patrie, un ciboire et un calice avec sa patène, retrouvés « dans une armoire de l'église de Longpaon, et dont l'hommage à « la patrie ajoute à ceux que la commune de Dernétal a déjà « faits (1). »

Le 9 ventôse an II (27 février 1794), « la commune régénérée « adresse au Conseil (de la commune de Rouen) une lettre dans « laquelle elle lui exprime ses sentiments fraternels pour la com- « mune de Rouen (2). »

Quelques jours plus tard, quand on procédait aux travaux du défrichement des Bruyères-Saint-Julien, appelées le *Champ-de-l'Egalité*, la commune de Darnétal, jointe à celles de Blosseville et de Canteleu, fournit un effectif de huit cents hommes, qui y vinrent à plusieurs reprises et refusèrent la liberté qu'on leur laissa de s'éloigner, avant la fin du travail.

La société populaire, installée dans l'église de Carville, se montra reconnaissante de l'appui que lui avait prêté le district de Rouen. Ainsi, un de ses membres, dans la séance du 21 ventôse (11 mars 1794), vint offrir au district un extrait du procès-verbal de cette

(1) *Bulletin des séances des corps administratifs et de la société populaire de Rouen*, n° 25, 28 pluviôse an II.

(2) Id., n° 37, 12 ventôse an II.

société, qui arrêtait une « souscription en faveur des citoyens du pre-
« mier bataillon de la Seine-Inférieure ; » et de plus, il apportait
comme produit de la souscription huit cents livres en assignats et
en numéraire, avec un grand nombre d'objets d'équipement (1).

Une autre fois, dans la séance de la société populaire de Rouen,
24 messidor an II (12 juillet 1794), le rapporteur de la commission
de marine donna lecture d'une délibération de la société populaire
de Darnétal, portant « qu'elle a ouvert dans son sein une souscrip-
« tion patriotique pour l'équipement d'une frégate, votée par la

(1) *Bulletin des séances des corps administratifs et de la société populaire de
Rouen,* n° 46, 23 ventôse an II.

L'église de Longpaon reçut une autre destination conforme aux idées et
aux besoins du moment. On avait informé le district de Rouen que la commune de Darnétal se trouvait sans emplacement pour établir son atelier de
salpêtre, « à moins qu'on ne lui accordât l'autorisation de le placer dans la
« ci-devant église de Longpaon, qui offroit toutes les ressources que l'on
« pouvoit désirer à cet égard. » Dans sa séance publique du 12 germinal
an II (1ᵉʳ avril 1794), le district de Rouen lui accorda sa demande, et aussitôt
on se mit à l'œuvre.

Le 19 prairial (7 juin 1794), il fut annoncé au district de Rouen que la
commune de Darnétal a fait, dans les magasins du district, le dépôt de
378 livres de salpêtre. Le 29 prairial (17 juin 1794), nouveau dépôt de
293 livres net de salpêtre, provenant du même atelier, ce qui vaut à la
commune de Darnétal « la mention civique au procès-verbal. » Enfin, le
26 brumaire an III (16 novembre 1794), elle envoya encore à la nitrière
nationale 702 livres de salpêtre, et l'administration du district reçut avec
reconnaissance « cette nouvelle preuve du zèle de la commune de Dar-
« nétal. »

V. les numéros 64, 123, 132 du même *Bulletin des séances des corps administratifs,* etc., an II de la République, et le n° 57 de l'an III.

« société de Rouen. — Applaudi et arrêté qu'il sera adressé aux
« frères de la société de Dernétal une lettre de félicitation sur la
« conduite civique qui la distingue (1). »

Une partie du mobilier servant aux séances de la société populaire, installée dans l'église de Carville, venait de l'église de Longpaon. Les bancs et planches que renfermait cette dernière avaient été accordés à la société populaire par le district de Rouen, le 21 germinal an II (10 avril 1794), sur la demande, faite en son nom, par deux de ses membres : « considérant qu'il est du devoir des « administrations de donner aux sociétés populaires toutes les facilités dont elles ont besoin pour leur établissement, le Conseil « s'empresse d'accueillir la demande desdits citoyens (2). » Désormais ceux qui assistèrent à ses séances furent assis.

Enfin, pour terminer tout ce qui se rattache à l'église de Carville, pendant la Révolution, disons un mot de ses curés à cette époque.

Conformément à la constitution civile du clergé, les habitants nommaient eux-mêmes leurs desservants. Le 15 mai 1791, ils avaient appelé à la cure de Carville le sieur Dessaissy. En 1792, ils élurent Charles-Alexandre-François Arnoult. La suppression du culte laissa ce dernier sans emploi, et la commune de Darnétal lui refusa plus tard un certificat de civisme, refus confirmé par un arrêté de l'administration du district de Rouen, à la date du 25 frimaire an III (15 décembre 1794). C'est alors que l'ex-desservant de Carville s'adressa à la commune de Rouen qui, dans sa séance du 1ᵉʳ ger-

---

(1) *Bulletin des séances des corps administratifs et de la société populaire de Rouen*, n° 153, 29 messidor an II.

(2) Id., n° 72, 23 germinal an II.

minal (21 mars 1795), lui accorda le certificat de civisme demandé. Mais l'administration du district renvoya ce certificat, avec son arrêté, à la commune de Rouen, « en observant qu'elle a cru devoir « différer à viser celui qu'il a obtenu de la commune de Rouen, afin « de vérifier si la bonne foi du Conseil n'a pas été surprise. » Le Conseil de cette commune, dans la séance du 8 germinal (28 mars 1795), chargea le citoyen Lachausse de prendre des informations et de faire son rapport (1).

Bientôt il dut pouvoir s'en passer, l'abolition des sociétés populaires et la tolérance de l'administration ayant mis fin aux entraves de toute nature qu'elles imposaient aux personnes rangées par elles dans la classe des suspects.

Après cette destination, commune à une foule d'églises à cette époque, l'église de Carville resta fermée jusqu'au rétablissement du culte. On fondit une nouvelle cloche pour remplacer celle qui avait été détruite pendant la Révolution, et, à son tour, cette dernière fut cassée en 1824.

Depuis les réparations si insuffisantes de 1828, on n'a rien fait à la tour de Carville, et elle est présentement dans l'état le plus déplorable. La balustrade, les pyramides d'angle et le couronnement de l'escalier tombent de vétusté. Dans l'étage supérieur, l'écartement des différentes parties est considérable, ainsi que la dégradation de la corniche, des meneaux et fenestrages des huit grandes

(1) *Bulletin des séances des corps administratifs séants dans la commune de Rouen*, n° 172, 10 germinal an III. Il n'est plus question de la *Société populaire de Rouen*, qui avait suspendu ses séances à partir du 15 pluviôse an III (3 février 1795).

ogives. Les murs de l'étage du beffroi sont lézardés et l'intérieur en est calciné, aussi bien qu'à l'étage situé au-dessous du beffroi. Le rez-de-chaussée seul n'a pas souffert de l'incendie ; mais tout le reste de la tour est dans le plus triste état (1).

Les Sociétés savantes, les artistes, les écrivains ont rempli leur tâche, en signalant l'importance de ce monument, le seul, avec l'église de Longpaon, dont Darnétal puisse s'enorgueillir. Les Conseils de la commune, du département et de l'Etat sont tout disposés à entreprendre l'œuvre éminemment utile et nécessaire de sa restauration. Mais, avant de s'y engager, ils ont besoin d'être aidés par le généreux concours des habitants de la commune et de tous les amis des arts et de nos antiquités normandes. Il faut trouver préalablement une partie des fonds nécessaires à la consolidation de cette tour, classée parmi les monuments historiques, et qui, « *dans son état actuel de* « *dégradation, inspire de sérieuses inquiétudes pour sa conservation.* » Ce sont les hommes du métier qui le disent tous.

Les habitants de Darnétal, et tous ceux qui s'intéressent au sort des richesses artistiques de la France, ne voudront pas, faute de quelques mille francs, voir périr un monument rival des tours de Saint-Jacques, à Dieppe, de Saint-Laurent et de Saint-André, à Rouen, enfin de Saint-Jacques-la-Boucherie, à Paris, monuments dont toutes ces villes sont si fières, et qu'elles ont réparés ou vont réparer avec le plus louable empressement. C'est une œuvre éminemment nationale que nous proposons à nos compatriotes, et nous

(1) Ces renseignements techniques sont dûs à l'obligeance de M. Desmarest, architecte diocésain, qui a fait un *Devis des travaux à exécuter pour la restauration de la tour de Carville*, sur la demande du Conseil municipal de Darnétal.

espérons qu'ils répondront à notre appel en faveur du plus ancien
et du plus remarquable monument de Darnétal. Ce serait pour cette
ville la preuve durable, dans les âges futurs, de l'esprit éclairé de
ceux qui auraient contribué à le sauver de la ruine. Nos sentiments,
nos motifs, en plaidant une fois de plus la cause de la tour de Carville, sont ceux de l'éminent artiste, qui a si chaleureusement
demandé la conservation de la tour Saint-Laurent : « Ce que nous
« disons, c'est pour l'honneur du pays, et pour lui épargner plus
« tard de vifs regrets et la perte irréparable d'un monument qui est
« son illustration, ainsi que la plus éclatante manifestation de sa
« splendeur et de son génie (1). »

En résumé, comme toujours : AIDE-TOI, LE CIEL T'AIDERA.

8 Août 1864.

F. BOUQUET,

Professeur au Lycée impérial et à l'Ecole supérieure
des Sciences et des Lettres de Rouen, Officier de
l'Instruction publique, Membre de la Commission
départementale des Antiquités de la Seine-
Inférieure.

(1) M. A. Durand. — *Notice historique sur la conservation de l'ancienne église
Saint-Laurent, à Rouen* (août 1860).

Rouen.— Imp. E. CAGNIARD, rues des Basnage, 5, et de l'Impératrice, 66.